Quand on se plonge dans le dictionnaire et qu'on cherche le mot « rire », on tombe sur des expressions comme se dilater la rate, se fendre la pipe, se tenir les côtes, rire comme un bossu, rire à gorge déployée, ou bien encore rire à en pleurer ; c'est dire si rire est une activité éminemment physique !

Cette éphéméride vous propose ainsi de vous bidonner, vous gondoler ou vous poiler en lisant tous les jours une citation d'humour sur des thèmes aussi variés que le mariage, la famille, les animaux, l'argent, le travail, le cinéma, la musique, la gastronomie, la politique, la religion, la santé, le sport, ou bien e

Vous pourrez aussi en faire profiter vos proches, vos collègues de travail ou vos amis, qui seront, à n'en pas douter, friands de ces phrases aussi drôles que pertinentes.

Et avant de commencer cette année (qui s'annonce merveilleuse), nous ne résistons pas à l'envie de vous livrer cette citation de Pierre Desproges : « L'humour, c'est le droit d'être imprudent, d'avoir le courage de déplaire, la permission absolue d'être imprudent. »

Bonne année !

« La fiction, c'est la part de vérité qu'il existe en chaque mensonge. »

Stephen King

1er

JANVIER

8 h 44 17 h 04

Jour de l'an

« Vouloir rencontrer un auteur parce que vous aimez son œuvre, c'est comme vouloir rencontrer un canard parce que vous aimez le pâté. »

Margaret Atwood

2
JANVIER
8h44 17h05
St Basile

« Si la théorie de l'évolution est vraie, comment se fait-il que les mères de famille n'aient toujours que deux mains ? »

E. Dussault

3

JANVIER

8 h 44 17 h 06

Ste Geneviève

« Mon médecin m'a recommandé d'arrêter les petits dîners pour quatre. À moins qu'il n'y ait trois autres personnes. »

Orson Welles

4

JANVIER

8 h 44 17 h 07

St Odilon

“ Si des parents veulent que leurs enfants lisent, ils devraient laisser traîner des livres avec marqué dessus "Interdit". ”

Jacques Martin

5

JANVIER

8h44 17h09

St Édouard

« J'ai toujours voulu aller en Suisse pour voir comment les militaires se servent de leurs couteaux. »

Billy Connolly

6
JANVIER

8 h 44 17 h 10

Épiphanie • Ste Mélaine

« La bonne nouvelle
à propos des ordinateurs,
c'est qu'ils font ce que
vous leur dites de faire.
La mauvaise nouvelle,
c'est qu'ils font ce que vous
leur dites de faire. »

Ted Nelson

7

JANVIER

☀ 8 h 43 ☀ 17 h 11

St Raymond

« Quand j'étais petit, le menu familial offrait deux choix : à prendre ou à laisser. »

Buddy Hackett

8

JANVIER

8 h 43 17 h 12

St Lucien

« Aller aux Alcooliques Anonymes, c'est pas marrant : on peut même pas boire un coup avec ses nouveaux potes ! »

Michèle Bernier

9
JANVIER

8 h 43 17 h 13

Ste Alix

« Peu importe
le régime que vous suivez,
mais en général, vous pouvez
manger à peu près autant que
vous voulez de tout ce que
vous n'aimez pas. »

Walter Slezak

10
JANVIER
8h42 17h15
St Guillaume

“ J'ai compris que j'avais accepté de ne pas être immortel quand j'ai commencé à boire mes vieux bordeaux. ”

Philippe Bouvard

11

JANVIER

8 h 42 — 17 h 16

St Paulin

« Cannes c'est un endroit bizarre où l'on montre des films qui ne sont pas sûrs de sortir à des gens qui ne sont pas sûrs d'y aller. »

Gilles Jacob

12

JANVIER

8 h 41 17 h 17

Ste Tatiana

« Des millions d'êtres humains rêvent d'une vie éternelle et s'il pleut un dimanche après-midi, ils ne savent pas quoi faire. »

Susan Ertz

13
JANVIER

☀ 8 h 41 ☀ 17 h 19

Ste Yvette

« Si pour gagner deux fois plus, il faut travailler deux fois plus, je ne vois pas où est le bénéfice. »

Raymond Castans

14

JANVIER

8 h 40 — 17 h 20

Ste Nina

« Un coup d'œil
à cette planète et tout visiteur
extraterrestre s'écrierait :
"Je veux voir le gérant !" »

William S. Burroughs

15

JANVIER

8 h 39 · 17 h 21

St Rémi

« Albert Einstein a affirmé que rien n'était aussi rapide que la lumière. On voit qu'il n'a jamais vu quelqu'un se jeter sur la télécommande quand il y a une émission politique qui passe à la télé. »

Robert McFly

16
JANVIER
8 h 39 17 h 23
St Marcel

« Assurance-chômage : pour être sûr de ne jamais retrouver de boulot. »

Les Nuls

17

JANVIER

8 h 38 17 h 24

Ste Roseline

« Non, je ne crains pas la mort. Seulement, je trouve que la providence a mal arrangé les choses. Ainsi je préférerais de beaucoup qu'on enterre mon âme et que ce soit mon corps qui soit immortel. »

Aurélien Scholl

18
JANVIER

8 h 37 17 h 26

Ste Prisca

« Les Irlandais ont donné une cornemuse aux Écossais pour leur faire une blague mais les Écossais n'ont toujours pas compris que c'était une blague. »

Oliver Herford

19
JANVIER

8 h 36 17 h 27

St Marius

“ Quelle différence entre un actionnaire et un employé ? L'actionnaire a des actions, l'employé des obligations. ”

Bernard Pivot

20

JANVIER

☀ 8 h 35 ☀ 17 h 29

St Sébastien

« Sur les billets d'euros, d'un côté il y a une porte, de l'autre, un pont. Ça veut dire : si tu ne passes pas la porte, t'as plus qu'à te jeter du pont. »

Anne Roumanoff

21

JANVIER

☀ 8 h 34 ☀ 17 h 30

Ste Agnès

« Démission des parents : action consistant à donner beaucoup d'argent de poche et peu de gifles. »

Jean Dutourd

22
JANVIER
8 h 33 17 h 32
St Vincent

« Il y a beaucoup de livres qui n'ont l'air d'avoir été édités que pour servir à asseoir les enfants sur des chaises trop basses. »

Jean Martet

23
JANVIER

8 h 32 17 h 33

St Barnard

« Une des choses drôles
à propos du marché boursier,
c'est que chaque fois
qu'une personne achète,
une autre vend, et les deux
se croient bien futées. »

William Feather

24

JANVIER

☀ 8 h 31 ☀ 17 h 35

St François de Sales

« Que tous les hommes soient frères, c'est le rêve des gens qui n'ont pas de frères. »

Charles Chincholle

25

JANVIER

☀ 8 h 30 ☀ 17 h 36

Conversion de St Paul

“ La différence
entre un optimiste
et un pessimiste tient
au fait que le pessimiste
est habituellement
mieux informé. ”

Clare Boothe Luce

26
JANVIER

8 h 29 17 h 38

Ste Paule, Ste Pauline

« Les ordinateurs
de la prochaine génération
seront tellement intelligents
que nous aurons de la chance
s'ils nous acceptent auprès
d'eux comme animaux
de compagnie. »

Marvin Minsky

27
JANVIER
8 h 28 17 h 40
Ste Angèle

« Est-ce que l'on peut arriver au paradis une demi-heure avant que le diable sache qu'on est mort ? »

George Bernard Shaw

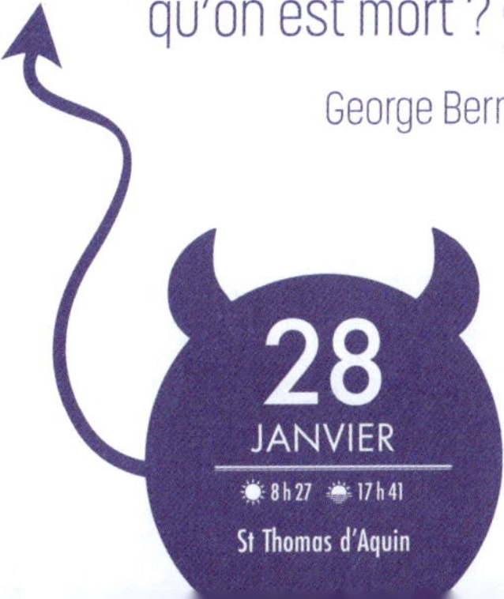

“ Ce monde serait meilleur pour les enfants si c’était les parents qui étaient obligés de manger les épinards. ”

Groucho Marx

29

JANVIER

8 h 25 17 h 43

St Gildas

« J'ai abandonné la pêche le jour où je me suis aperçu qu'en les attrapant, les poissons ne frétillaient pas de joie. »

Louis de Funès

30

JANVIER

8 h 24 17 h 44

Ste Martine

« La télévision est un instrument pédagogique. Chaque fois qu'elle est allumée, je vais dans la pièce d'à côté et j'ouvre un livre. »

Groucho Marx

31
JANVIER
8 h 23 17 h 46
Ste Marcelle

« Le cours
du caoutchouc
est élastique. »

Jacques Tati

1er
FÉVRIER

8h21 17h48

Ste Ella

“Le voisin est
un animal nuisible
assez proche
de l'homme.”

Pierre Desproges

2

FÉVRIER

8 h 20 17 h 49

Présentation du Seigneur

“Comme un homme politique ne croit jamais ce qu'il dit, il est étonné quand il est cru sur parole.”

Charles de Gaulle

3

FÉVRIER

8 h 19 17 h 51

St Blaise

« À l'inverse des hommes, l'océan se retire pour que la mer garde ses poissons. »

Pierre Dac

4

FÉVRIER

☀ 8 h 17 ☀ 17 h 53

Ste Véronique

« Le Bac,
c'est comme la lessive :
on mouille, on sèche
et on repasse. »

Henri Troyat

5
FÉVRIER

8 h 16 17 h 54

Ste Agathe

« Le véritable anarchiste marche toujours entre les clous parce qu'il a horreur de discuter avec les flics. »

Georges Brassens

6

FÉVRIER

8 h 14 17 h 56

St Gaston

“Le Blond, il est taillé en V, comme moi mais à l'envers.”

Gal Elmaleh

7
FÉVRIER

8 h 13 17 h 58

Ste Eugénie

« Après avoir fait une grosse connerie, le chat grimpe dans l'arbre. Et le fonctionnaire, dans la hiérarchie. »

Bruno Masure

8

FÉVRIER

8 h 11 17 h 59

Ste Jacqueline

“Les risques du métier : son menton a soudainement quitté la paume de sa main droite posée grâce à un coude et sa tête est venue frapper lourdement le bureau.Une fois encore, un fonctionnaire s’est tué au travail.”

Les Nuls

9

FÉVRIER

8 h 10 18 h 01

Ste Apolline

« Le beaujolais nouveau est arrivé, vivement qu'il reparte. »

Frédéric Dard

10

FÉVRIER

8 h 08 18 h 03

St Arnaud

« Le diplomate
ne dit pas qu'il pleut
quand il pleut ; il explique
le fonctionnement
du parapluie ! »

Albert Brie

11

FÉVRIER

8h06 18h04

Notre-Dame de Lourdes

« Pourquoi dit-on que les murs ont des oreilles alors que c'est aux portes qu'on écoute ? »

Alphonse Allais

12
FÉVRIER

8 h 05 — 18 h 06

St Félix

“ Un statisticien est
une personne qui peut
avoir la tête dans un four
et les pieds pris dans la glace
et dire qu’en moyenne
il se sent bien. ”

Benjamin Dereca

13
FÉVRIER
8 h 03 18 h 08
Ste Béatrice

« Il était une fois
un centaure atteint
de la maladie de Parkinson
qui adorait les glaces en
cornet. C'est ainsi que naquit
la légende de la licorne. »

Anonyme

14
FÉVRIER

8h01 18h09

St Valentin

« Tout est drôle,
dès l'instant que ça arrive
aux autres. »

Marcel Achard

15
FÉVRIER

8 h 00 — 18 h 11

St Claude

« Un milliardaire change de Ferrari tous les jours. Un SDF change de porche tous les soirs. »

Ylipe

16

FÉVRIER

7 h 58 18 h 12

Ste Julienne

« Tous ceux qui roulent plus doucement que vous sont des idiots, et tous ceux qui roulent plus vite sont des maniaques. »

George Carlin

17

FÉVRIER

☀ 7 h 56 ☀ 18 h 14

St Alexis

“ La vieillesse,
c'est quand on va dans
des restaurants où il y a
des sommeliers, et non
plus dans ceux où il y a
des serveuses. ”

Marcel Achard

18
FÉVRIER

7 h 54 18 h 16

Ste Bernadette

« Nous savons que l'oisiveté est la mère de tous les vices, mais dites-moi qui en est le père ? »

Albert Brie

19

FÉVRIER

☀ 7 h 53 ☀ 18 h 17

St Gabin

« L'amour c'est comme un slip kangourou, il faut se méfier des apparences. »

Franck Dubosc

20

FÉVRIER

7 h 51 18 h 19

Ste Aimée

« D'après
une étude américaine,
20 % des habitants de
notre planète parlent anglais.
Oui, les 80 % restant n'ont
pas compris la question. »

Jean Yanne

21
FÉVRIER

7 h 49 18 h 21

St Pierre-Damien

« Je ne remets
jamais au lendemain
ce que je puis faire
le surlendemain. »

Oscar Wilde

22
FÉVRIER

7 h 47 18 h 22

Ste Isabelle

“ On récompense parfois des écrivains pour leur œuvre. Pourquoi n’en punit-on jamais ? ”

Jules Romains

23

FÉVRIER

7 h 45 18 h 24

St Lazare

« J'ouvre une parenthèse. Si vous avez un peu trop d'air, je la refermerai tout de suite. »

Alphonse Allais

24

FÉVRIER

7 h 43 18 h 25

St Modeste

« Nager dans le bonheur, c'est faire des brasses dans sa propre piscine. »

Michèle Bernier

25

FÉVRIER

7 h 41 18 h 27

St Roméo

« Va chercher un Gulli au frigo et mets-toi devant Kinder Pingui ! »

Florence Foresti

26

FÉVRIER

☀ 7 h 39 ☀ 18 h 29

St Nestor

« Je vais vous donner la solution idéale pour maigrir : secouer la tête de gauche à droite quand on vous propose un plat. »

Coluche

27

FÉVRIER

7 h 37 18 h 30

Ste Honorine

« Sur le plus beau trône du monde, on n'est jamais assis que sur son cul ! »

Michel de Montaigne

28

FÉVRIER

7 h 36 18 h 32

St Romain

« Un concerné n'est pas obligatoirement un imbécile encerclé. »

Pierre Dac

29

FÉVRIER

7 h 35 18 h 33

St Auguste

« Comment se fait-il que l'on ne voie ou que l'on n'entend jamais un titre comme : Un voyant gagne le gros lot à la loterie ? »

Jay Leno

1er
MARS

7 h 34 18 h 33

St Aubin

« Les êtres humains sont les seules créatures sur terre qui autorisent leurs enfants à revenir à la maison. »

Bill Crosby

2

MARS

☀ 7 h 32 ☀ 18 h 35

St Charles le Bon

« La télévision n'est pas faite pour être regardée mais pour qu'on y passe. »

Noël Coward

3

MARS

7 h 30 — 18 h 37

St Guénolé

"Il faut vraiment qu'on déjeune ensemble un de ces jours" est l'euphémisme poli pour "Ça m'est complètement égal qu'on se revoie."

Marcus Hunt

4

MARS

7 h 28 18 h 38

St Casimir

“ Vous allez voir qu’un jour on va nous déclarer la paix et que nous ne serons pas prêts. ”

Tristan Bernard

5

MARS

7 h 26 18 h 40

Ste Olive

iii

“ La question que vous vous posez le plus certainement en remplissant votre déclaration d'impôt est : puis-je frauder ? ”

Dave Barry

6

MARS

7 h 24 18 h 41

Ste Colette

« Technocrates, c'est des mecs que quand tu leur poses une question, une fois qu'ils ont fini de répondre, tu comprends plus la question que t'as posée. »

Coluche

7

MARS

7h22 18h43

Ste Félicité

« La médecine
a fait depuis un siècle
des progrès sans répit,
inventant par milliers
des maladies nouvelles. »

Louis Scutenaire

8

MARS

7 h 19 18 h 44

St Jean de Dieu

« Les hommes qui se disent couverts d'amis me font peur, je crains toujours qu'ils ne veuillent ajouter mon nom à leur liste. »

Gilles Archambault

9

MARS

7 h 17 18 h 46

Ste Françoise

iii

« Le pangolin ressemble à un artichaut à l'envers avec des pattes, prolongé d'une queue à la vue de laquelle on se prend à penser que le ridicule ne tue plus. »

Pierre Desproges

10
MARS
7 h 15 18 h 48
St Vivien

“ Que Dieu vous garde parce que j'ai pas de place chez moi. ”

Anthony Kavanagh

11

MARS

7 h 13 18 h 49

Ste Rosine

“ Tuer le temps
est parfois un cas
de légitime défense. ”

Albert Brie

12

MARS

☀ 7 h 11 ☀ 18 h 51

Ste Justine

“ Vingt ans, t’es fraîche
comme la rosée du matin.
À trente-cinq, comme
la bouteille de rosé ! ”

Florence Foresti

13
MARS

7 h 09 18 h 52

St Rodrigue

« La raison pour laquelle je parle avec moi-même c'est que je suis le seul duquel j'accepte des réponses. »

George Carlin

14
MARS

7 h 07 18 h 54

Ste Mathilde

« Maintenant,
il existe des chaînes
de télévision qui ne parlent que
de météo, 24 heures sur 24.
Quand j'étais petit, on appelait
ça une fenêtre. »

Dan Spencer

15
MARS
7 h 05 18 h 55
Ste Louise

« Le lancement d'avions très gros porteurs n'ira pas sans l'agrandissement des structures d'accueil au sol : tapis roulants, aérogares, hangars, parkings, chapelles ardentes. »

Philippe Bouvard

16
MARS

7 h 03 18 h 57

Ste Bénédicte

« La vie est comme
un rouleau de papier
de toilette ; plus
on arrive vers la fin,
plus ça va vite. »

Andy Rooney

17

MARS

7 h 01 18 h 58

St Patrick

« J'ai compris que je devenais chauve quand ça me prenait de plus en plus de temps pour me laver le visage. »

Harry Hill

18

MARS

6 h 59 — 19 h 00

St Cyrille

“ Les chiens viennent quand on les appelle ; les chats prennent le message et reviennent plus tard. ”

Mary Bly

19

MARS

☀ 6 h 57 ☀ 19 h 01

St Joseph

« Le gros avantage d'un livre, c'est qu'il est très facile à rembobiner. Tu le refermes et tu te retrouves au commencement. »

Jerry Seinfeld

20

MARS

6 h 55 19 h 03

Printemps • St Herbert

« Je suis Canadien. C'est comme un Américain, mais sans le pistolet. »

Jerry Farinotti

21

MARS

6 h 52 19 h 04

Ste Clémence

« Manger le message dans le biscuit chinois porte malheur mais c'est une excellente source de fibres. »

Réjean Lévesque

22

MARS

6 h 50 19 h 06

Ste Léa

« Je me suis rendu compte que j'avais pris de l'âge le jour où j'ai constaté que je passais plus de temps à bavarder avec les pharmaciens qu'avec les patrons de bistrots. »

Michel Audiard

23

MARS

6 h 48 19 h 07

St Victorien

« La grande frustration des riches : se voir interdire la volupté de se plaindre. »

Albert Brie

24

MARS

6 h 46 19 h 09

Ste Catherine de Suède

« Le Vatican est contre les mères-porteuses. Heureusement, ils n'avaient pas cette loi lorsque Jésus est né. »

Elayne Boosler

25
MARS

6 h 44 — 19 h 10

St Humbert

« Je suis grosse et j'en suis fière, et si quelqu'un me demande comment se passe mon régime, je lui réponds : "Et votre lobotomie ?" »

Roseanne Barr

26
MARS

6 h 42 19 h 12

Ste Larissa

« Famille typique américaine : un garçon, une fille, une vasectomie. »

Bob Alper

27

MARS

6 h 40 19 h 13

St Habib

« Le problème avec l'Internet c'est qu'il est en train de remplacer la masturbation en tant qu'activité de loisirs. »

Patrick Murray

28

MARS

6 h 38 19 h 15

St Gontran

iii

« La tolérance, c'est quand on connaît des cons et qu'on ne dit pas les noms. »

Pierre Doris

29

MARS

☀ 7 h 36 ☀ 20 h 16

Ste Gladys

« Être salarié,
c'est passer la semaine
à attendre le week-end
et passer le week-end à
attendre les vacances. »

Héloïse Prufol

30
MARS

7 h 33 20 h 18

St Amédée

“ Je cherche un parfum qui me permette de dominer les hommes. J'en ai marre du karaté. ”

Phyllis Diller

31

MARS

7 h 31 — 20 h 19

Pâques • St Benjamin

« Le jour de son anniversaire, poum ! On a un an de plus. Ça veut dire que ce jour-là on vieillit 365 fois plus que les autres jours. C'est une chance que ça n'arrive qu'une fois par an. »

Philippe Geluck

1er
AVRIL

7 h 29 · 20 h 21

Lundi de Pâques • St Hugues

J'ai arrêté de boire, mais seulement quand je dors.

George Best

2

AVRIL

☀ 7 h 27 ☀ 20 h 22

Ste Sandrine

« Le jour est proche où nous n'aurons plus que « l'impôt » sur les os. »

Michel Audiard

3

AVRIL

7 h 25 20 h 24

St Richard

« Certaines femmes disent que le jour de l'accouchement est le plus beau de leur vie... Je me demande à quoi ressemblent les autres jours de leur vie ! »

Florence Foresti

4

AVRIL

7 h 23 — 20 h 25

St Isidore

« L'adolescence
à l'âge adulte,
ça s'appelle
une dépression. »

Frédéric Dard

5
AVRIL

7 h 21 20 h 27

Ste Irène

« Le rire n'est pas
le propre de l'homme.
Les chiens aussi savent rire,
en remuant la queue. »

Max Eastman

6

AVRIL

7 h 19 20 h 28

St Marcellin

« L'homme sage doit connaître ses limites. Moi c'est simple, j'arrête de boire dès que je ne peux plus lire l'étiquette. »

Jean-Jacques Peroni

7

AVRIL

7 h 17 — 20 h 30

St Jean-Baptiste de La Salle

« Ceux qui réussissent en affaires ont autant d'amis qu'il y a de gens utiles à leur fortune. »

Robert Brisebois

8

AVRIL

7 h 15 · 20 h 31

Ste Julie

« Si l’on peut définir l’homme comme un mammifère omnivore qui porte la cravate, il s’ensuit que la femme est un mammifère omnivore qui porte la culotte. »

Julius Goupil

9

AVRIL

7 h 13 — 20 h 33

St Gauthier

« Le seul conseil valable à donner à un jeune acteur : oublier la prétendue motivation du personnage, connaître son texte et éviter en le disant de se prendre les pieds dans les câbles ou de se foutre la gueule dans les meubles. »

Jean Yanne

10

AVRIL

7 h 11 20 h 34

St Fulbert

« Son sommeil était, de beaucoup, ce qu'elle avait de plus profond. »

Sacha Guitry

11

AVRIL

7 h 09 20 h 36

St Stanislas

« Je pense
que les hommes qui
ont une oreille percée
sont mieux préparés
pour le mariage :
ils connaissent déjà
la douleur et ont déjà
acheté des bijoux. »

Rita Rudner

12

AVRIL

☀ 7 h 07 ☀ 20 h 37

St Jules

« Partout où je vais,
on me dit de boire
avec modération. Pas
de problème, présentez-le
moi ce «modération»
qui boit des coups avec
tout le monde. »

Anonyme

13

AVRIL

7 h 05 20 h 39

Ste Ida

“Une fois
qu’on a donné
son opinion, il serait
logique qu’on ne
l’ait plus.”

Albert Brie

14
AVRIL
7 h 03 20 h 40
St Maxime

« Un repas sans vin, c'est comme un jour sans soleil, mais un jour sans soleil, on peut quand même boire du vin. »

Lee Entrekin

15

AVRIL

7 h 01 20 h 42

St Paterne

« Mon boulot est comme la plupart des boulots, je suis trop payé pour ce que je fous, mais pas assez pour ce que je m'emmerde. »

Daniel Pennac

16

AVRIL

☀ 6 h 59 ☀ 20 h 43

St Benoît-Joseph

“ Dans un aquarium,
les poissons se reproduisent
par fécondation in vitro. ”

Pierre Légaré

17

AVRIL

6 h 57 20 h 45

St Anicet

« Une célébrité est une personne qui rame toute sa vie pour se faire connaître, avant de porter des lunettes noires pour n'être pas reconnue. »

Fred Allen

18

AVRIL

6 h 55 20 h 46

St Parfait

« L'Europe se rapproche de l'Amérique d'un centimètre par siècle. Pourtant le prix de la traversée reste le même. »

François Cavanna

19

AVRIL

6 h 53 20 h 48

Ste Emma

“J'ai grandi à New York, cette ville si chaleureuse où si vous tombez, une âme charitable est toujours là pour ramasser votre portefeuille.”

Al McGuire

20

AVRIL

☀ 6 h 51 ☀ 20 h 49

Ste Odette

« Il est toujours stupide de donner des conseils, mais en donner de bons est absolument fatal. »

Oscar Wilde

21

AVRIL

6 h 49 20 h 51

St Anselme

« Un optimiste
est un homme qui épouse
sa secrétaire en s'imaginant
qu'il pourra continuer
à lui faire des réflexions
sur sa mauvaise
orthographe. »

Tristan Bernard

22
AVRIL

6 h 47 20 h 52

St Alexandre

« Christophe Colomb fut le premier socialiste : il ne savait pas où il allait, il ignorait où il se trouvait… et il faisait tout ça aux frais du contribuable. »

Winston Churchill

23

AVRIL

6 h 45 20 h 54

St Georges

« Si la loi El Khomri protège les salariés et fait reculer le chômage, alors moi je suis Marilyn Monroe. »

Pascal Cherki

24

AVRIL

6 h 43 20 h 55

St Fidèle

« Les crottes d'oiseaux sur une voiture blanche, c'est noir et sur une voiture noire, c'est blanc. »

Pierre Légaré

25

AVRIL

6 h 42 20 h 57

St Marc

“ Je sais que
j'ai du sang irlandais,
parce que tous les matins
je me réveille avec
la gueule de bois. ”

Noel Gallagher

26

AVRIL

6 h 40 20 h 58

Ste Alida

« On peut dire
ce que l'on veut sur
les dix commandements,
mais vous serez d'accord sur
le fait qu'on est bien contents
qu'il n'y en ait que dix. »

H.L. Mencken

27

AVRIL

6 h 38 21 h 00

Ste Zita

« Vous savez que vous êtes vraiment au régime à partir du moment où même la nourriture pour chats vous ouvre l'appétit. »

Andy Bumatai

28

AVRIL

☀ 6 h 36 ☀ 21 h 01

Ste Valérie

« Elle vient de fêter le dixième anniversaire de ses trente-neuf ans. »

Paul Hart

29

AVRIL

6 h 34 21 h 02

Ste Catherine de Sienne

« L'ecstasy est une drogue extrêmement dangereuse, surtout parce qu'elle donne aux Blancs l'illusion qu'ils savent danser. »

Lenny Henry

30

AVRIL

6 h 33 21 h 04

St Robert

“Une personne équilibrée est quelqu'un qui a un verre de whisky dans chaque main.”

Billy Connolly

1er MAI

☀ 6 h 31 ☀ 21 h 05

Fête du travail • St Jérémy

« Mes parents ne se sont disputés qu'une fois en quarante-cinq ans. Ça a duré quarante-trois ans. »

Cathy Ladman

2

MAI

6 h 29 21 h 07

St Boris

« L'humour est comme le café : meilleur très noir. »

Bertrand Cèbe

3

MAI

6 h 28 21 h 08

St Philippe

« Le secret de ma vitalité ? Je n'ai dans le sang que des globules rouges : l'alcool a tué depuis longtemps tous mes globules blancs. »

Helen Rowland

4

MAI

☀ 6 h 26 ☀ 21 h 10

St Sylvain

« En Amérique,
les jeunes sont toujours
prêts à faire profiter leurs aînés
de leur inexpérience. »

Oscar Wilde

5

MAI

6 h 24 21 h 11

Ste Judith

“Le football est un miracle qui a permis à l’Europe de se détester sans se détruire.”

Paul Auster

6

MAI

6 h 23 21 h 13

Ste Prudence

“Si les riches avaient
le moindre sens de la solidarité,
il n'y aurait plus de pauvres.
Il n'y aurait pas non plus
de riches.”

George Bernard Shaw

7

MAI

6 h 21 21 h 14

Ste Gisèle

“Le jazz, c’est quand cinq musiciens jouent ensemble un morceau différent.”

Steve McGrew

8

MAI

☀ 6 h 20 ☀ 21 h 15

Victoire 1945 • St Désiré

« J'ai passé une excellente soirée… mais ça n'était pas celle-ci. »

Groucho Marx

9

MAI

6 h 18 21 h 17

Ascension • St Pacôme

« Placez votre main sur un poêle une minute et ça vous semble durer une heure. Asseyez-vous auprès d'une jolie fille une heure et ça vous semble durer une minute. C'est ça, la relativité. »

Albert Einstein

10

MAI

6 h 16 21 h 18

Ste Solange

« La vie serait bien plus agréable si on pouvait naître à l'âge de 80 ans et aller progressivement vers ses 18 ans. »

Mark Twain

11

MAI

6 h 15 21 h 20

Ste Estelle

« J'eus des ennuis lors de ma première demande de visa pour entrer aux États-Unis quand je me décrivis de couleur rose. On me dit que j'étais blanc. »

Peter Ustinov

12

MAI

6 h 14 21 h 21

St Achille

« Se faire enterrer
un vendredi 13 ?
Il faut vraiment ne pas
être superstitieux. »

Léo Campion

13

MAI

☀ 6 h 12 ☀ 21 h 22

Ste Rolande

« Nous pouvons beaucoup apprendre des enfants, par exemple jusqu'où va notre patience. »

Franklin P. Jones

14

MAI

6 h 11 21 h 24

St Matthias

« J'ai passé une très mauvaise nuit, je crois que le barman a mis trop d'olives dans mon Martini. »

W.C. Fields

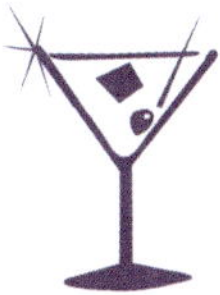

15

MAI

6 h 09 21 h 25

Ste Denise

« On peut dire que celui qui tient un chat par la queue est sur le point de prendre une belle leçon de vie. »

Mark Twain

16

MAI

6 h 08 21 h 26

St Honoré

“ Donnez votre sympathie au clergé, mais surtout rien d'autre. ”

Benjamin Jovett

17

MAI

6 h 07 21 h 28

St Pascal

« Nous passons
les douze premiers mois
à apprendre à nos enfants à
marcher et à parler
et les douze suivants
à s'asseoir et à se taire. »

Phyllis Diller

18

MAI

☀ 6 h 06 ☀ 21 h 29

St Éric

« Les trois grandes époques de l'humanité sont l'âge de la pierre, l'âge du bronze et l'âge de la retraite. »

Jean-Charles

19

MAI

☀ 6 h 04 ☀ 21 h 30

Pentecôte • St Yves

« Plus je connais les hommes, plus j'aime mon chien. Plus je connais les femmes, moins j'aime ma chienne. »

Pierre Desproges

20

MAI

6 h 03 21 h 32

Lundi de Pentecôte

St Bernardin

“Celui qui pense qu'on ne peut pas changer le passé, c'est qu'il n'a pas encore écrit ses mémoires.”

Robin Williams

21

MAI

6 h 02 21 h 33

St Constantin

« On ne prête qu'aux riches, et on a bien raison, parce que les autres remboursent difficilement. »

Tristan Bernard

22

MAI

6 h 01 21 h 34

St Émile

« Ne soyez jamais un précurseur : c'est toujours au premier chrétien qu'échoit le plus gros lion. »

Saki

23

MAI

6 h 00 21 h 35

St Didier

iii

« L'adolescence : la dernière période de la vie où vous êtes fou de joie d'apprendre qu'on vous demande au téléphone. »

Fran Lebowitz

24

MAI

5 h 59 21 h 37

St Donatien

« À New York,
les taxis sont jaunes,
à Londres ils sont noirs et
à Paris, ils sont cons. »

Frédéric Beigbeder

25

MAI

5 h 58 21 h 38

Ste Sophie

« La nuit dernière
au pub, j'ai pris six bières,
quatre gins, deux portos
et un peu de pâté de porc.
J'ai été malade comme
un chien. Je pense que je ne
supporte pas le porc. »

Rex Jameson

26
MAI

5 h 57 21 h 39

Fête des mères • St Bérenger

« Si les boîtes de préservatifs sont si dures à ouvrir, c'est pour laisser une chance aux femmes de changer d'avis. »

Jerry Seinfeld

27

MAI

5 h 56 21 h 40

St Hildebert

“Le son de la harpe me fait penser à une cage à oiseaux sur laquelle on promènerait des fourchettes.”

Thomas Beecham

28

MAI

5 h 55 21 h 41

St Germain

“Entre une mauvaise cuisinière et une empoisonneuse il n’y a qu’une différence d’intention.”

Pierre Desproges

29

MAI

5 h 54 21 h 42

St Aymard

iii

“Lorsqu’on joue du violon à une tomate, on a l’impression qu’elle s’en fout.”

Vincent Haudiquet

30

MAI

5 h 53 21 h 43

St Ferdinand

« À Hollywood, il suffit que vous alliez aux toilettes pour qu'on vous oublie. »

Dustin Hoffman

31

MAI

5 h 53 21 h 44

Visitation

« La longueur d'un film devrait être calculée en fonction du volume d'une vessie. »

Alfred Hitchcock

« Je fais la cuisine au vin, parfois j'en ajoute même à la nourriture. »

W.C. Fields

2

JUIN

5 h 51 21 h 46

Ste Blandine

« Je demande aux Français de ne pas aller dans les zones à risque parce que c'est dangereux. »

François Hollande

3

JUIN

5 h 51 21 h 47

St Kevin

“Si vous mourez dans un ascenseur, assurez-vous de pousser le bouton pour monter.”

Sam Levenson

4

JUIN

5 h 50 21 h 48

Ste Clotilde

« Vie :
ce qui n'a pas
de prix mais dont
le coût augmente
sans cesse. »

Michel Lauzière

5
JUIN

5 h 49 21 h 49

St Igor

« Les adultes demandent toujours aux jeunes ce qu'ils veulent devenir quand ils seront grands parce qu'ils cherchent des idées. »

Paula Poundstone

6

JUIN

5 h 49 21 h 50

St Norbert

« Les meilleures ventes sont en premier le livre de recettes et en second, le livre de diètes – comment ne pas manger ce que vous venez d'apprendre à cuisiner. »

Andy Rooney

7

JUIN

☀ 5 h 48 ☀ 21 h 51

St Gilbert

« Les chiens sont
les leaders de la planète.
Si vous considérez
les deux espèces,
l'une d'elles fait un caca,
l'autre le transporte
pour lui. Qui, d'après
vous, est le patron ? »

Jerry Seinfeld

8
JUIN

5 h 48 21 h 51
St Médard

“J'ai toujours été surpris par le fait que les auteurs de la Bible n'aient jamais écrit autre chose, étant donné le succès du livre.”

John Kenney

9

JUIN

5 h 48 21 h 52

Ste Diane

« Lorsque Salomon
a dit qu'il y avait un temps
et un lieu pour chaque chose,
il n'avait pas fait face
à la difficulté de stationner
son automobile. »

Bob Edwards

10
JUIN

5 h 47 21 h 53

St Landry

« Quel tableau de la National Gallery j'essayerais de sauver s'il y avait le feu ? Celui qui se trouve le plus près de la sortie. »

George Bernard Shaw

11
JUIN

5 h 47 21 h 53

St Barnabé

« Se chercher
un partenaire
via l'ordinateur
c'est bien, si tu es
un ordinateur. »

Rita Mae Brown

12
JUIN
5 h 47 21 h 54
St Guy

“ Ne demandez
à votre enfant ce qu’il veut
pour dîner seulement
si c’est lui qui paie. ”

Fran Lebowitz

13

JUIN

5 h 47 21 h 55

St Antoine de Padoue

« La pire chose quand on est un touriste c'est de se faire identifier comme touriste par d'autres touristes. »

Russell Baker

14
JUIN

5 h 47 21 h 55

St Élisée

« Le bonheur
c'est d'avoir une grande
famille soudée,
attentionnée et protectrice.
Dans une autre ville. »

George Burns

15

JUIN

5 h 46 21 h 56

Ste Germaine

“ Dans notre société, seuls survivent les hommes du type homard : durs au-dehors, tendres au dedans. ”

Yvan Audouard

16

JUIN

5 h 46 21 h 56

Fête des pères

St Jean-François Régis

“Avoir des enfants change son homme et parfois son véhicule.”

Yves Boisvert

« Le Diable lui-même a probablement redessiné l'enfer en suivant les renseignements obtenus d'après des plans d'aéroports. »

Anthony Price

18

JUIN

5 h 46 21 h 57

St Léonce

« Sais-tu pourquoi
le chien est le meilleur
ami de l'homme ?
Parce que les chats
ne voulaient pas. »

Pierre Foglia

19
JUIN

5 h 47 21 h 57

St Romuald

« On choisit ses amis, on choisit ses ennemis, mais c'est Dieu qui choisit nos voisins de palier. »

G.K. Chesterton

20

JUIN

5 h 47 — 21 h 57

Été • St Silvère

« J'ai horreur des gens qui parlent pendant que je les interromps. »

Guy Bedos

21

JUIN

5 h 47 21 h 58

St Rodolphe

« Personne ne peut se sentir plus impuissant que le propriétaire d'un poisson rouge malade. »

Kin Hubbard

22

JUIN

5 h 47 21 h 58

St Alban

« Tout le monde dit que j'ai l'esprit de contradiction. La preuve que c'est faux : je suis d'accord. »

Vincent Haudiquet

23

JUIN

5 h 47 21 h 58

Ste Audrey

« Avant, je faisais du jogging mais les cubes de glace ne faisaient que tomber en dehors du verre. »

David Lee Roth

24

JUIN

☀ 5 h 48 ☀ 21 h 58

Fête nat. Québec

St Jean-Baptiste

“Les statistiques sont comme les bikinis. Ce qu’elles révèlent est suggestif. Ce qu’elles cachent est vital.”

Aaron Levenstein

25

JUIN

5 h 48 21 h 58

St Prosper

« Que deux personnes mariées puissent vivre ensemble jour après jour, c'est sans doute le miracle que le Vatican a laissé passer. »

Bill Cosby

26

JUIN

5 h 48 21 h 58

St Anthelme

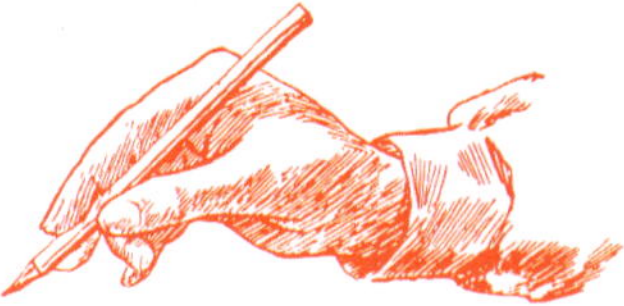

« Écrire,
c'est une façon
de parler sans être
interrompu. »

Jules Renard

27
JUIN

5 h 49 21 h 58

St Fernand

« Wall Street est le seul endroit où les gens se rendent en Rolls Royce afin d'y recevoir les conseils de gens qui s'y rendent en métro. »

Warren Buffett

28

JUIN

5 h 49 21 h 58

St Irénée

“Je ne fais jamais d’exercice. Si Dieu avait voulu que l’Homme puisse se toucher les pieds, il les lui aurait mis plus haut sur le corps.”

Gene Perret

29

JUIN

5 h 50 21 h 58

St Pierre, St Paul

« Faites attention, lorsque vous lisez des livres sur la santé, vous pourriez mourir d'une faute d'impression. »

Mark Twain

30

JUIN

5 h 50 21 h 58

St Martial

“Un optimiste reste jusqu'à minuit pour voir le Nouvel An, un pessimiste reste pour s'assurer que l'ancienne année disparaît.”

Bill Vaugham

1er

JUILLET

5 h 51 21 h 58

Fête nat. Canada

St Thierry

« Saint François prêchait aux oiseaux. S'il avait vraiment aimé les oiseaux, il aurait mieux fait de prêcher aux chats. »

Rebecca West

2

JUILLET

5 h 52 — 21 h 57

St Martinien

« Je suis aveugle,
mais on trouve toujours
plus malheureux que soi…
J'aurais pu être noir. »

Ray Charles

3
JUILLET
5 h 52 21 h 57
St Thomas

« La quarantaine, c'est quand vous choisissez vos céréales en fonction des fibres, non en fonction du jouet. »

Anonyme

4

JUILLET

5 h 53 21 h 57

St Florent

« Je ne cherche pas à faire de blagues, je surveille ce que fait le gouvernement et je le raconte. »

Will Rogers

5

JUILLET

☀ 5 h 54 ☀ 21 h 56

St Antoine

« Une pelouse, c'est la nature sous un régime totalitaire. »

Michael Pollan

6

JUILLET

5 h 54 21 h 56

Ste Mariette

"Ma femme m'a dit :
Je veux une explication
et je veux la vérité."
Je lui ai répondu :
"Faudrait savoir."

Henny Youngman

7
JUILLET
5 h 55 21 h 55
St Raoul

“Les films que j'ai réalisés sont surtout diffusés dans les avions et dans les prisons, parce que personne ne peut quitter la salle.”

Burt Reynolds

8

JUILLET

5 h 56 21 h 55

St Thibault

« Dieu ne recevra jamais le prix Nobel de la paix. »

José Artur

9

JUILLET

5 h 57 21 h 54

Ste Amandine

“ J'ai une mémoire admirable ; j'oublie tout. ”

Alphonse Allais

10

JUILLET

☀ 5 h 58 ☀ 21 h 54

St Ulrich

« Après une heure de gym, je me sens mieux ; les autres aussi me sentent mieux. »

Oscar Wilde

11

JUILLET

5 h 59 21 h 53

Ste Olga, St Benoît

« Personnellement, je ne crois pas qu'il y ait de la vie intelligente sur d'autres planètes. Pourquoi les autres planètes devraient- elles être différentes de celle-ci ? »

Bob Monkhouse

12

JUILLET

☀ 6 h 00 ☀ 21 h 52

St Olivier

« Le seul sport que je pratique, c'est l'haltérophilie, à chaque fois que je me lève. »

Dolly Parton

13

JUILLET

☀ 6h01 ☀ 21h51

St Henri, St Joël

“L’appétit vient en mangeant. L’apathie en digérant.”

Réjean Lévesque

14

JUILLET

6 h 02 21 h 51

Fête nationale • St Camille

« Conduisez lentement
et appréciez le paysage ;
conduisez rapidement
et retrouvez-vous dans
le paysage. »

Doug Horton

15
JUILLET
6 h 03 21 h 50
St Donald

« On nous a dit qu'un million de singes tapant sur un million de claviers pourraient produire l'ensemble de l'œuvre de Shakespeare ; aujourd'hui, grâce à Internet, on sait que ce n'est pas vrai. »

Robert Wilensky

16

JUILLET

6 h 04 21 h 49

Notre-Dame du Mont Carmel

« Une bombe vraiment intelligente refuserait d'exploser. »

Alan P. Scott

17

JUILLET

6 h 05 21 h 48

Ste Charlotte

« Nietzsche, ça s'écrit comme ça s'éternue. »

Anonyme

18

JUILLET

☀ 6 h 06 ☀ 21 h 47

St Frédéric

“Le golf est un jeu de billes pour les hommes qui ne veulent pas se pencher.”

Youp van't Hek

19

JUILLET

6 h 07 21 h 46

St Arsène

« Quand vous vieillissez, trois choses se produisent. La première, votre mémoire fout le camp, et je ne peux pas me rappeler des deux autres. »

Norman Wisdom

20

JUILLET

6 h 08 21 h 45

Ste Marina

« Le meilleur temps pour se faire des amis c'est avant d'en avoir besoin. »

Ethel Barrymore

21

JUILLET

6 h 09 21 h 44

Fête nat. Belgique

St Daniel, St Victor

« La différence entre
les hommes et les enfants :
le prix de leurs jouets. »

Malcolm Forbes

22

JUILLET

☀ 6 h 11 ☀ 21 h 43

Ste Marie-Madeleine

« Il faut mépriser l'argent, surtout la petite monnaie. »

François Cavanna

23

JUILLET

☀ 6 h 12 ☀ 21 h 42

Ste Brigitte

« Les punaises peuvent vivre jusqu'à un an sans se nourrir… elles sont comme les mannequins. »

Craig Ferguson

24

JUILLET

☀ 6 h 13 ☀ 21 h 40

Ste Christine, Ste Ségolène

« Étant philosophe, j'ai un problème pour chaque solution. »

Robert Zend

25

JUILLET

☀ 6 h 14 ☀ 21 h 39

St Jacques

« Entraîné adéquatement, l'homme peut être le meilleur ami du chien. »

Corey Ford

26

JUILLET

6 h 15 — 21 h 38

Ste Anne, St Joachim

“ Il y en a qui causent du bonheur partout où ils vont et d’autres quand ils s’en vont. ”

Oscar Wilde

27

JUILLET

6 h 17 21 h 37

Ste Nathalie

“Les seuls qui sont en droit de revendiquer l’Arctique et l’Antarctique sont les bipolaires.”

Stéphane Laporte

28

JUILLET

6 h 18 21 h 35

St Samson

« Comme la tartine,
l'ivrogne tombe
toujours du côté qui est
complètement beurré. »

Professeur Choron

29

JUILLET

6 h 19 21 h 34

Ste Marthe

« Un nouveau sondage a révélé que 25 % des femmes sont satisfaites de leur vie sexuelle. Mais, une portion allant jusqu'à la moitié de celles-ci pourrait avoir simulé leurs réponses. »

Jimmy Fallon

30

JUILLET

6 h 21 21 h 33

Ste Juliette

“ Si l’on passait l’année entière en vacances ; s’amuser serait aussi épuisant que travailler. ”

Bill Vaugham

31

JUILLET

6 h 22 21 h 31

St Ignace de Loyola

« Une mort naturelle est celle où vous décédez de vous-même sans l'aide d'un médecin. »

Mark Twain

1er

AOÛT

☀ 6 h 23 ☀ 21 h 30

Fête nat. Suisse

St Alphonse

« Chaque fois que trois New-Yorkais entrent dans un taxi sans se disputer, une banque vient d'être dévalisée. »

Phyllis Diller

2

AOÛT

☀ 6 h 25 ☀ 21 h 28

St Julien

« Si la formule
de l'eau est H^2O,
la formule pour un cube
de glace devrait-elle
être H^2O au carré ? »

Lily Tomlin

3
AOÛT

6 h 26 21 h 27

Ste Lydie

« Les économistes sont des pessimistes : ils ont prédit 8 des 3 dernières dépressions. »

Barry Asmus

4

AOÛT

6 h 27 21 h 25

St Jean-Marie Vianney

“ Les gens qui travaillent assis sont plus payés que ceux qui travaillent debout. ”

Ogden Nash

5

AOÛT

6 h 29 21 h 24

St Abel

« Je cuisine tellement mal que mes enfants pensaient que Thanksgiving était la commémoration de Pearl Harbor. »

Phyllis Diller

6
AOÛT

6 h 30 · 21 h 22

St Octavien

“Le problème quand on est ponctuel, c'est que personne n'est encore là pour l'apprécier.”

Franklin P. Jones

7

AOÛT

☀ 6 h 31 ☀ 21 h 21

St Gaétan

“ Même lorsqu'ils sont fraîchement lavés et libérés de toutes confiseries apparentes, les enfants ont tendance à être collants. ”

Fran Lebowitz

8

AOÛT

6 h 33 21 h 19

St Dominique

« Vous savez que vous êtes vieux quand quelqu'un vous complimente sur vos chaussures en alligator et que vous êtes pieds-nus. »

Phyllis Diller

9

AOÛT

6 h 34 21 h 17

St Amour

« Nous ne pouvons
pas être tous des héros.
Il faut bien qu'il y ait
des gens pour attendre
sur le trottoir et applaudir
à leur passage. »

Will Rogers

10
AOÛT

6 h 36 21 h 16

St Laurent

“Les programmes politiques partagent autre chose avec les grands classiques littéraires : tout le monde en parle, personne ne les a lus.”

Nicolas Dickner

11

AOÛT

6 h 37 21 h 14

Ste Claire

« Il vaut mieux se taire
et passer pour un con
plutôt que de parler
et de ne laisser aucun
doute sur le sujet. »

Pierre Desproges

12
AOÛT

6 h 38 21 h 12

Ste Clarisse

« Un oignon suffit
à faire pleurer les gens, mais
on n'a pas encore inventé
le légume qui les ferait rire. »

Will Rogers

13

AOÛT

6 h 40 21 h 10

St Hippolyte

« Je n'ai jamais rencontré quelqu'un qui voulait sauver le monde sans mon aide financière. »

Robert Brault

14

AOÛT

6 h 41 21 h 09

St Évrard

“Il existe une prédilection masochiste des Français pour deux exercices dans lesquels ils se révèlent malchanceux : la guerre et le football.”

Michel Audiard

15

AOÛT

6 h 43 21 h 07

Assomption • Ste Marie

« Si vous allez voir un mauvais film, vous perdez deux heures. Si vous jouez dans un mauvais film, vous perdez deux ans. »

Jerry Seinfeld

16
AOÛT

6 h 44 21 h 05

St Armel, St Roch

“À cette époque où tout augmente, nous sommes heureux d'apprendre que les kilomètres, les mètres et les centimètres n'ont pas varié depuis le dernier septennat. Bravo ! ”

Coluche

17
AOÛT

6 h 45 21 h 03

Ste Jeanne

« Lorsque le meilleur ami d'un homme c'est un chien, ce chien-là a un problème. »

Edward Abbey

18

AOÛT

6 h 47 21 h 01

Ste Hélène

« Il y a des individus qui se présentent à la présidence en qui je n'aurais pas confiance pour entretenir mes plantes. »

Anonyme

19

AOÛT

6 h 48 20 h 59

St Jean Eudes

“ J’ai commencé avec rien. Il m’en reste encore pas mal. ”

Michael Davis

20

AOÛT

6 h 50 20 h 58

St Bernard

« À l'école, en algèbre, j'étais du genre Einstein. Mais plutôt Franck qu'Albert. »

Philippe Geluck

21

AOÛT

6 h 51 — 20 h 56

St Christophe

“ Cinéma : lieu dangereux
en raison des risques
de projection de navets. ”

Marc Escayrol

22
AOÛT
6 h 52 20 h 54
St Fabrice

“L’hôpital est un endroit où on vous réveille pour vous donner un somnifère.”

Kelly Rizzio

23
AOÛT

6 h 54 20 h 52

Ste Rose

“ Ceux qui ne savent pas comment faire, enseignent, et ceux qui ne savent pas enseigner, enseignent l'éducation physique. ”

Woody Allen

24

AOÛT

6 h 55 20 h 50

St Barthélemy

“Il est impossible de savoir si la lumière du frigo s'éteint vraiment lorsqu'on ferme la porte parce qu'on mange les seuls témoins.”

Tim Kazurinsky

25

AOÛT

6 h 57 20 h 48

St Louis

« En politique comme dans la vie, il en va souvent ainsi : quand on n'a pas ce que l'on aime, il faut aimer ce que l'on a. »

Jacques Chirac

26

AOÛT

6 h 58 20 h 46

Ste Natacha

« Il faut être trois pour apprécier une bonne histoire. Un pour la raconter bien, un pour la goûter, et un pour ne pas la comprendre. Car le plaisir des deux premiers est doublé par l'incompréhension du troisième. »

Alphonse Allais

27

AOÛT

7 h 00 20 h 44

Ste Monique

« J'ai un truc pour se souvenir de la date d'anniversaire de votre femme : il suffit de l'oublier une fois ! »

Michel Galabru

28

AOÛT

7 h 01 20 h 42

St Augustin

« Si c'est magnifiquement arrangé sur l'assiette, vous savez que des doigts y sont allés partout. »

Julia Child

29
AOÛT

7 h 02 20 h 40

Ste Sabine

“Mozart était tellement précoce qu'à 35 ans, il était déjà mort.”

Pierre Desproges

30

AOÛT

7 h 04 20 h 38

St Fiacre

« Pas de nouvelles, bonnes nouvelles. Pas de journalistes, c'est encore mieux. »

Nicolas Bentley

31

AOÛT

7 h 05 — 20 h 36

St Aristide

« La meilleure façon de se débarrasser des odeurs de cuisine : mangez à l'extérieur. »

Phyllis Diller

1er

SEPTEMBRE

7 h 07 — 20 h 34

St Gilles

“ Paresse : habitude prise de se reposer avant la fatigue. ”

Jules Renard

2

SEPTEMBRE

7 h 08 20 h 32

Ste Ingrid

« Le téléphone est un bon moyen de parler aux gens sans avoir à leur offrir une boisson. »

Fran Lebowitz

3

SEPTEMBRE

7 h 09 20 h 30

St Grégoire

“ Le mariage est l’union de deux personnes, une qui oublie toujours les anniversaires, l’autre jamais. ”

Odgen Nash

4

SEPTEMBRE

7 h 11 20 h 28

Ste Rosalie

« Il y a tellement de plastique dans notre culture que la peau de léopard en vinyle est en train de devenir un synthétique en voie d'extinction. »

Lily Tomlin

5

SEPTEMBRE

7 h 12 20 h 26

Ste Raïssa

“Ne vous méprenez pas sur les bébés… Ils sont là pour nous remplacer.”

Jerry Seinfeld

6

SEPTEMBRE

7 h 14 — 20 h 23

St Bertrand

« Les gens viennent toujours à moi pour me dire que ma fumée les dérange… Eh bien, moi, elle me tue ! »

Wendy Liebman

7

SEPTEMBRE

7 h 15 20 h 21

Ste Reine

« La Terre n'est plus qu'un grand village. Et c'est Bill Gates qui possède le magasin général. »

Stéphane Laporte

8

SEPTEMBRE

7 h 17 20 h 19

St Adrien

« J'ai remarqué que
même les gens qui croient
que tout est prédestiné,
et qu'on ne peut rien
y faire, regardent avant
de traverser la route. »

Stephen Hawking

9
SEPTEMBRE

7 h 18 20 h 17

St Alain

« Expérience : nom dont les hommes baptisent leurs erreurs. »

Oscar Wilde

10
SEPTEMBRE

7 h 19 20 h 15

Ste Inès

“Il y a pire que
la mort dans la vie.
Avez-vous déjà passé
une soirée avec un vendeur
d'assurance ?”

Woody Allen

11
SEPTEMBRE
☀ 7 h 21 ☀ 20 h 13
St Adelphe

« Une femme qui fume après l'amour prouve que son amant n'a pas su l'éteindre. »

Marcel Aymé

12

SEPTEMBRE

7 h 22 20 h 11

St Apollinaire

« L'Anglais, filou comme peuple, est honnête comme individu. Il est le contraire du Français, honnête comme peuple et filou comme individu. »

Edmond et Jules de Goncourt

13

SEPTEMBRE

☀ 7 h 24 ☀ 20 h 09

St Aimé

« On dit que les fourmis sont des travailleuses acharnées, mais alors comment trouvent-elles le temps d'aller à tous ces pique-niques ? »

Marie Dressler

14

SEPTEMBRE

7 h 25 20 h 07

Croix glorieuse

« Mon avocat ne m'a jamais donné de mauvais conseils. Il me les a toujours vendus. »

Jean Yanne

15

SEPTEMBRE

7 h 26 20 h 04

St Roland

« Mieux vaut donner que prêter, cela coûte à peu près la même chose. »

Philip Gobbs

16

SEPTEMBRE

7 h 28 20 h 02

Ste Édith

“Je n'ai jamais rencontré un centenaire qui présente quelque autre intérêt.”

Josh Billy

17

SEPTEMBRE

7 h 29 20 h 00

St Renaud

« Ne remets pas à demain ce que tu peux faire après-demain. »

Alphonse Allais

18

SEPTEMBRE

7 h 31 19 h 58

Ste Nadège

“ Notons que
le cinéma est la seule activité
humaine où d’abord on réalise,
ensuite on projette. ”

L.M. Tard

19

SEPTEMBRE

7 h 32 19 h 56

Ste Émilie

“ La vraie paresse, c’est de se lever à 6 heures du matin pour avoir plus longtemps à ne rien faire. ”

Tristan Bernard

20

SEPTEMBRE

7 h 34 19 h 54

St Jean-Charles

« Il y a trente ans, un jeune délinquant c'était un gamin qui n'avait pas rendu son livre à temps à la bibliothèque. »

Harry Hershfield

21

SEPTEMBRE

7 h 35 19 h 52

St Matthieu

« Ma mère se sert seulement de la cuisinière pour allumer ses joints. »

Saffy Monsoon

22

SEPTEMBRE

7 h 36 19 h 49

Automne • St Maurice

« Éventuellement, vous réalisez que la raison qui explique pourquoi Dieu n'a pas toujours exaucé vos prières, c'est qu'il exauçait les prières de votre maman. »

Robert Brault

23

SEPTEMBRE

7 h 38 19 h 47

St Constant

« L'animal qui
a le plus profité de
la compagnie de l'homme
est le microbe. »

Malcolm de Chazal

24

SEPTEMBRE

7 h 39 19 h 45

St Anatole

« J'ai fait une affaire, j'ai acheté une statue de la Vénus de Milo au rabais. Elle a deux bras. »

Henny Youngman

25

SEPTEMBRE

7 h 41 19 h 43

St Hermann

« La mouche est la plus belle conquête du papier collant. »

René Fallet

26

SEPTEMBRE

7 h 42 19 h 41

St Côme, St Damien

“Mon fils se plaint
de maux de tête.
Je lui dis tout le temps,
quand tu sors du lit, c'est
les pieds d'abord ! ”

Henny Youngman

27

SEPTEMBRE

7 h 44 19 h 39

St Vincent de Paul

« Il n'y a pas de choses
avec lesquelles
on ne plaisante pas,
il n'y a que des gens
qui ne comprennent
pas la plaisanterie. »

Boris Vian

28

SEPTEMBRE

7 h 45 — 19 h 37

St Venceslas

« Ce n'est pas parce que l'homme a soif d'amour qu'il doit se jeter sur la première gourde. »

Pierre Desproges

29

SEPTEMBRE

7 h 47 19 h 35

St Michel, St Gabriel

« Comme il serait agréable que les enfants viennent au monde pourvus d'un bouton qu'il suffirait de tourner pour diminuer le volume du son ! »

Robert McFly

30

SEPTEMBRE

7 h 48 – 19 h 32

St Jérôme

« Les grands-parents sont là pour aider les enfants à faire les bêtises auxquelles ils n'ont pas encore pensé. »

Gene Perret

1er

OCTOBRE

7 h 49 19 h 30

Ste Thérèse de l'Enfant Jésus

“ Comment
Dieu a-t-il pu créer
le monde en six jours ?
Pas de syndicats ? ”

Anonyme

2
OCTOBRE
7 h 51 19 h 28
St Léger

« Il est aussi facile d'ouvrir une huître sans couteau que de faire parler un avocat sans le payer. »

Barton Holiday

3

OCTOBRE

7 h 52 19 h 26

St Gérard

« Les bonnes mamans
te laissent lécher le batteur.
Les meilleures mamans
l'éteignent avant. »

Anonyme

4
OCTOBRE
7 h 54 19 h 24
St François d'Assise

“ Dieu merci, nous n'avons plus d'enfants stupides. Les enfants aujourd'hui ont tous des "difficultés d'apprentissage". ”

George Carlin

5

OCTOBRE

7 h 55 19 h 22

Ste Fleur

Les noix de coco sont des mammifères car elles ont du poil et produisent du lait.

Anonyme

6

OCTOBRE

☀ 7 h 57 ☀ 19 h 20

St Bruno

« Tout le monde veut sauver la terre, mais personne ne veut aider maman à faire la vaisselle. »

P.J. O'Rourke

7

OCTOBRE

7 h 58 — 19 h 18

St Serge

« Rien ne vous rend plus tolérant au bruit d'une soirée chez les voisins que d'y être invité. »

Franklin P. Jones

8

OCTOBRE

8 h 00 19 h 16

Ste Pélagie

“Quand ils font
l'appel nominal au Sénat,
les Sénateurs ne savent pas
s'ils doivent répondre "Présent"
ou "Non coupable".”

Theodore Roosevelt

9
OCTOBRE
8h01 19h14
St Denis

« Être femme est terriblement malaisé, puisque cela consiste surtout à avoir affaire aux hommes. »

Joseph Conrad

10

OCTOBRE

8 h 03 19 h 12

St Hugo

« Nous sommes ce que nous mangeons, et qui veut être une laitue ? »

Pete Burns

11

OCTOBRE

8 h 04 19 h 10

St Firmin

iii

« La vie n'a pas de prix. Mais pas pour les grandes firmes pharmaceutiques. »

Réjean Lévesque

12

OCTOBRE

8 h 06 19 h 08

St Wilfried

« Les névrosés se construisent des châteaux en Espagne, les psychotiques y vivent. Ma mère y fait le ménage. »

Rita Rudner

13

OCTOBRE

8 h 07 19 h 06

St Géraud

“ Quand j'étais petit,
j'étais dyslexique,
mais maintenant
tout est KO. ”

Simon Leigh

14
OCTOBRE
8 h 09 19 h 04
St Céleste

« Adam et Ève furent les premiers à accepter les termes et conditions d'Apple sans les avoir lus. »

John Lyons

15

OCTOBRE

8 h 10 — 19 h 02

Ste Thérèse d'Avila

« Que deviendraient les hommes sans les femmes ? Rares, de plus en plus rares… »

Mark Twain

16

OCTOBRE

8 h 12 19 h 00

Ste Edwige

« Un moustique
c'est comme un petit enfant.
Quand il cesse de faire du bruit,
c'est qu'il fait quelque chose
de pas correct. »

Milton Berle

17

OCTOBRE

☀ 8h13 ☀ 18h58

St Baudouin

« Dieu, je trouve, qu'il est complètement nul pour le service après-vente. »

Pierre Foglia

18

OCTOBRE

8h15 18h56

St Luc

« Si Alexander Graham Bell avait eu une fille, il n'aurait jamais inventé le téléphone. »

Milton Berle

19

OCTOBRE

8 h 16 18 h 54

St René

“Los Angeles,
c’est où vous allez si vous
voulez être quelqu’un.
New York, c’est où vous allez
quand vous êtes quelqu’un.
Miami, c’est où vous allez
quand vous voulez être
quelqu’un d’autre.”

Billy Corben

20
OCTOBRE

8h18 18h52

Ste Adeline

“ La première chose que l'on perd quand on fait un régime, c'est le sens de l'humour. ”

Anonyme

21
OCTOBRE

8 h 20 18 h 50

Ste Céline

« Les chats sont plus intelligents que les chiens. Vous ne verrez jamais huit chats en train de tirer un traîneau dans la neige. »

Jeff Valdez

22
OCTOBRE
8 h 21 18 h 48
Ste Élodie

« Toutes les inscriptions funéraires, sans exception, sont des plus élogieuses… Où donc enterre-t-on les crapules ? »

Georges Clémenceau

23

OCTOBRE

8 h 23 18 h 47

St Jean de Capistran

"Vous êtes-vous déjà demandé si les analphabètes profitent vraiment de la "soupe alphabet" ?"

John Mendoza

SOUPE

24
OCTOBRE

8 h 24 18 h 45

St Florentin

“ L’agréable, dans les cadeaux en argent qu’on reçoit pour Noël, c’est qu’ils sont faciles à changer. ”

Benjamin Winston

25
OCTOBRE

8 h 26 — 18 h 43

St Crépin

« Ainsi, le système métrique n'a vraiment pas pris aux États-Unis, sauf si on compte la popularité croissante de la balle de 9 millimètres. »

Dave Barry

26
OCTOBRE

7 h 27 17 h 41

St Dimitri

« La marche est un exercice qui perd de son attrait quand on le pratique en poussant une tondeuse. »

Gary Fletchall

27

OCTOBRE

7 h 29 17 h 39

Ste Émeline

« Je ne connais rien de plus courageux que de pouvoir s'arrêter après avoir mangé une cacahuète. »

Channing Pollock

28

OCTOBRE

7 h 30 17 h 38

St Jude, St Simon

« Je sais que
je suis mythomane,
Dieu me l'a déjà dit. »

Vincent Haudiquet

29
OCTOBRE
7 h 32 17 h 36
St Narcisse

« Tant d'émissions pour nous expliquer comment faire la cuisine, mais si peu qui expliquent comment faire la vaisselle. »

Yves Pelletier

30

OCTOBRE

☀ 7 h 34 ☀ 17 h 34

Ste Bienvenue

“ Rappelez-vous que si vous ne commettez aucun péché, Jésus sera mort pour rien. ”

Ricky Gervais

31

OCTOBRE

7 h 35 17 h 32

St Quentin • Halloween

« Le plat du jour c'est bien, à condition de savoir à quel jour remonte sa préparation. »

Pierre Dac

1er

NOVEMBRE

7 h 37 17 h 31

Toussaint

« Le meilleur moyen pour obtenir que votre mari fasse quelque chose, c'est de lui dire qu'il est trop vieux pour le faire. »

Felicity Parker

2
NOVEMBRE
7 h 38 17 h 29
Défunts

“ Le problème quand on est retraité, c’est qu’on n’a jamais une journée de congé. ”

Abe Lemons

3

NOVEMBRE

7 h 40 17 h 28

St Hubert

“ J’ai des amis
qui ne manquent pas, avant
de prendre l’avion, de consulter
leur horoscope. Moi, ce qui
m’intéresse vraiment,
c’est celui du pilote ! ”

Jean Amadou

4

NOVEMBRE

7 h 42 17 h 26

St Charles

« J'ai déjà essayé de payer mes impôts avec le sourire. Ils préfèrent un chèque. »

Jean Yanne

5

NOVEMBRE

7 h 43 17 h 24

Ste Sylvie

« La seule fois où j'ai aimé repasser c'est le jour où j'ai accidentellement renversé du gin dans le fer à vapeur. »

Phyllis Diller

6

NOVEMBRE

7 h 45 17 h 23

St Léonard

“Tout jeune, on pousse. Adulte, on se pousse. Vieux, les autres nous poussent.”

Jacques Sternberg

7

NOVEMBRE

7h46 17h21

Ste Karine

“Internet est le développement le plus important de l’histoire de la communication humaine depuis l’invention de l’appel en attente.”

Dave Barry

8

NOVEMBRE

7 h 48 17 h 20

St Geoffroy

“Si Dieu existe, l’expression qui doit le dégoûter le plus c’est "guerre sainte."”

Steve Allen

9

NOVEMBRE

7 h 50 17 h 19

St Théodore

“ L'an dernier,
je suis allé à la pêche
avec Salvador Dali.
Il utilisait une ligne pointillée.
Il prenait un poisson
sur deux. ”

Steven Wright

10
NOVEMBRE

7 h 51 17 h 17

St Léon

« Je ne crois pas à l'astrologie ; je suis Sagittaire et nous sommes sceptiques. »

Arthur C. Clarke

11

NOVEMBRE

☀ 7 h 53 ☀ 17 h 16

Armistice 1918

« La meilleure façon de faire un feu avec deux bâtons, c'est de vous assurer que l'un des deux est une allumette. »

Will Rogers

12

NOVEMBRE

7 h 54 17 h 15

St Christian

« J'ai toujours rêvé d'être quelqu'un, mais maintenant je sais que j'aurais dû être plus précis. »

Lily Tomlin

13
NOVEMBRE
7 h 56 17 h 13
St Brice

« Saint Valentin :
je pense que certaines
personnes mentent
plus le 14 février
que le 1er avril. »

Lune

14

NOVEMBRE

7 h 57 17 h 12

St Sidoine

« Je reviens d'un voyage qui m'a fait plaisir : j'ai conduit ma belle-mère à l'aéroport. »

Henny Youngman

15

NOVEMBRE

7 h 59 17 h 11

St Albert

« La connaissance c'est de savoir qu'une tomate est un fruit, la sagesse c'est de ne pas la mettre dans une salade de fruits. »

Miles Kington

16

NOVEMBRE

8 h 01 17 h 10

Ste Marguerite

« La télévision c'est comme le grille-pain, vous appuyez sur le bouton et la même chose apparaît à chaque fois. »

Alfred Hitchcock

17

NOVEMBRE

8 h 02 17 h 08

Ste Élisabeth

“ Un des avantages d’être désordonné c’est qu’on est constamment en train de faire des découvertes passionnantes. ”

A.A. Milne

18

NOVEMBRE

8 h 04 17 h 07

Ste Aude

« Les chats ont neuf vies ce qui en fait l'animal idéal pour l'expérimentation. »

Anonyme

19

NOVEMBRE

8h05 17h06

St Tanguy

« Je préfère glisser ma peau sous les draps pour le plaisir des sens que de la risquer sous les drapeaux pour le prix de l'essence. »

Raymond Devos

20

NOVEMBRE

☀ 8 h 07 ☀ 17 h 05

St Edmond

« On dit que le chien est le meilleur ami de l'homme. Je n'y crois pas. Combien d'amis avez-vous fait castrer ? »

Larry Reeb

21
NOVEMBRE

8 h 08 17 h 04

Présentation de la Vierge Marie

« Si Dieu ne voulait pas qu'on mange les animaux, pourquoi les a-t-il faits de viande ? »

John Cleese

22

NOVEMBRE

8 h 10 17 h 03

Ste Cécile

“Un escargot est plus souvent parti qu’arrivé.”

Philippe Geluck

23

NOVEMBRE

8 h 11 17 h 02

St Clément

« La jeunesse est une période merveilleuse. C'est vraiment un crime que ce soit les adolescents qui en profitent. »

George Bernard Shaw

24

NOVEMBRE

☀ 8 h 13 ☀ 17 h 01

Ste Flora

“Bon vieux temps : quand la charité était plus une vertu qu'une déduction d'impôt.”

Anonyme

25
NOVEMBRE

8h14 17h01

Ste Catherine

« La patte de lapin est un porte-bonheur plus efficace si elle provient d'un lapin nourri de trèfles à quatre feuilles. »

Pierre Légaré

26

NOVEMBRE

☀ 8 h 15 ☀ 17 h 00

Ste Delphine

“Je ne sais pas cuisiner. Ma minuterie, c’est le détecteur de fumée.”

Joan Rivers

27

NOVEMBRE

☀ 8 h 17 ☀ 16 h 59

St Virgile

« Lorsque vous mettez les freins, votre vie est entre les mains de votre pied. »

George Carlin

28

NOVEMBRE

☀ 8 h 18 ☀ 16 h 58

St Jacques de la Marche

“ Il m’est arrivé
de prêter l’oreille à un sourd.
Il n’entendait pas mieux. ”

Raymond Devos

29
NOVEMBRE

8 h 19 16 h 58

St Saturnin

“Il a un côté sympathique, seulement on le voit toujours de face.”

Francis Blanche

30

NOVEMBRE

8 h 21 16 h 57

St André

« Vous avez entendu mon dialogue dans *Braveheart* ? Ils ont dû me confondre avec le mime Marceau. »

Sophie Marceau

1er

DÉCEMBRE

8 h 22 16 h 57

Ste Florence, St Éloi

“Ne mangez jamais quelque chose dont la liste des ingrédients couvre plus d'un tiers de l'emballage.”

Joseph Leonard

2

DÉCEMBRE

8 h 23 16 h 56

Ste Viviane

HOLLYWOOD

« À Hollywood,
un mariage réussi c'est quand
les mariés sortent ensemble
de la salle des mariages. »

Truman Capote

3
DÉCEMBRE

8 h 25 16 h 56

St François-Xavier

“ Le sommeil est l'une des meilleures façons d'écouter de l'opéra. ”

James Stephens

4

DÉCEMBRE

8 h 26 16 h 55

Ste Barbara, Ste Barbe

“Le monde est devenu invivable ; on n'a même plus le droit de ne pas être informé.”

Joseph Bonenfant

5

DÉCEMBRE

8 h 27 16 h 55

St Gérald

“ La vie en rose
c'est à partir de
la soixantaine : cirrhose,
arthrose, athérosclérose,
ostéoporose... ”

Anonyme

6

DÉCEMBRE

8 h 28 16 h 55

St Nicolas

“ On dit que la jeunesse
ne croit plus à rien.
Quelle tristesse… Et si un jour
le père Noël ne croyait
plus aux enfants ? ”

Pierre Doris

7
DÉCEMBRE
8 h 29 16 h 54
St Ambroise

« Avant on allait plutôt au cinéma pour voir un film. Aujourd'hui il semble qu'on y aille plutôt pour manger. »

Pierre Daninos

8

DÉCEMBRE

8 h 30 16 h 54

Immaculée Conception

« Si l'aventure c'est d'aller se geler les c… au pôle Nord, je préfère mettre deux glaçons dans mon whisky. »

J.M. Gourio

9

DÉCEMBRE

8 h 32 16 h 54

St Pierre Fourier

« À travers les innombrables vicissitudes de la France, le pourcentage d'emmerdeurs est le seul qui n'ait jamais baissé. »

Michel Audiard

10

DÉCEMBRE

8 h 33 16 h 54

Ste Eulalie

« Il faut se méfier
des ingénieurs,
ça commence par
la machine à coudre,
ça finit par la bombe
atomique. »

Marcel Pagnol

11

DÉCEMBRE

☀ 8 h 34 ☀ 16 h 54

St Arthur, St Daniel

“L’alcool est le pire ennemi de l’homme. Mais la *Bible* nous enseigne d’aimer nos ennemis.”

Frank Sinatra

12

DÉCEMBRE

8 h 34 16 h 54

St Corentin

« Ce que je regarde d'abord chez une femme ? C'est si elle me surveille. »

Patrick Sébastien

13

DÉCEMBRE

8 h 35 16 h 54

Ste Lucie

« Cuba est le plus grand pays du monde ; sa capitale est à La Havane, son gouvernement à Moscou, son armée est en Afrique et sa population… en Floride. »

Ronald Reagan

14

DÉCEMBRE

8 h 36 16 h 54

Ste Odile

“ Si haut qu'on monte, on finit toujours par des cendres. ”

Henri Rochefort

15

DÉCEMBRE

8 h 37 16 h 54

Ste Ninon

“Attention
au surmenage.
Et surtout quand
vous ne regardez rien,
pensez à retirer
vos lunettes ! ”

Coluche

16
DÉCEMBRE

8 h 38 16 h 54

Ste Alice

“ Ne jamais
se disputer avec un idiot.
Il te ramènerait à son niveau
et ensuite te battrait
avec l'expérience. ”

George Carlin

17

DÉCEMBRE

8 h 39 16 h 54

St Gaël

“Tout le monde est de droite ! La preuve, quand le mur de Berlin est tombé, personne ne s’est enfui à l’Est ! ”

Gaspard Proust

18

DÉCEMBRE

8 h 39 16 h 55

St Gatien

« Quoi qu'on dise, un mariage raté est quand même plus joyeux qu'un enterrement réussi. »

Yvan Audouard

19

DÉCEMBRE

8 h 40 16 h 55

St Urbain

« Depuis que j'ai appris à rire de moi-même, je ne m'ennuie plus jamais. »

George Bernard Shaw

20
DÉCEMBRE

8 h 41 16 h 56

St Isaac

« Moi, tout le monde m'attend au tournant, voilà pourquoi j'ai décidé d'aller tout droit. »

Philippe Geluck

21

DÉCEMBRE

8 h 41 · 16 h 56

Hiver • St Pierre Canisius

“Je tromperais bien l’ennui avec sa femme...”

Élie Semoun

22

DÉCEMBRE

8 h 42 16 h 56

Ste Françoise-Xavière

« J'ai toujours voulu entrer dans une église avec une canne à la main et dire au curé : mon père j'ai péché. »

Anonyme

23

DÉCEMBRE

8 h 42 16 h 57

St Armand

“ Je n'ai jamais abusé de l'alcool, il a toujours été consentant. ”

Pierre Desproges

24

DÉCEMBRE

8 h 43 16 h 58

Ste Adèle

> La durée de sommeil idéale est d'environ encore cinq minutes de plus.

Max Hoffmann

26

DÉCEMBRE

8 h 43 · 16 h 59

St Étienne

“ J'ai lu qu'une bonne rigolade ça vaut un bon steak, c'est peut-être pour ça que les végétariens font toujours la gueule. ”

Anonyme

27

DÉCEMBRE

8 h 44 17 h 00

St Jean

« Femme. C'est pire que paysan – semis, arrosage, arrachage... Jambes à épiler, aisselles à raser, ongles à limer... Un programme si rigoureusement exigeant qu'il suffit de se laisser aller quelques jours pour se retrouver en jachère. »

Helen Fielding

28

DÉCEMBRE

8 h 44 17 h 00

Sts Innocents

« C'est drôle, on parle souvent du Pôle Nord, plus rarement du Pôle Sud, et jamais du Pôle Ouest ni du Pôle Est. Pourquoi cette injustice ?... ou cet oubli ? »

Alphonse Allais

29

DÉCEMBRE

8 h 44 17 h 01

St David

“ Les gens attendent-ils de tousser pour aller au spectacle ou les spectacles font-ils tousser ? ”

Pierre Daninos

30

DÉCEMBRE

8 h 44 17 h 02

St Roger

« L'autruche est
un animal con : elle court,
comme une malade, parce
qu'elle n'a toujours pas
compris qu'elle était
un oiseau. »

Jérôme Duhamel

31
DÉCEMBRE

8 h 44 17 h 03

St Sylvestre